MA PREMIÈRE
BIBLE
ILLUSTRÉE

ILLUSTRATIONS DE DIANA MAYO

TEXTE DE JAMES HARRISON

Réalisation du projet:

Directrice générale d'édition Clare Lister
Directrice artistique Diane Thistlethwaite
Responsable du projet Linda Esposito
Responsable secteur Sue Grabham
Responsable artistique Simon Webb
Responsable production Shivani Pandey
Maquette originale Tony Cutting
Conseillère religieuse Annette Reynolds
Traduction Olivia Festal
Mise en pages français André Misteli

Les textes bibliques sont tirés
de la Bible Segond revue,
Nouvelle Edition de Genève, 1979

Table des matières

Ancien Testament

Nouveau Testament

Dieu crée le monde

Au tout début, il n'y avait rien du tout – rien à voir, rien à entendre, rien à toucher.
Tout était noir, froid et vide.

Puis Dieu a dit: «Que la lumière soit.»
Et une lumière éclatante a jailli dans les ténèbres.

Ensuite Dieu a créé la terre, les mers et le ciel.

**«Au commencement,
Dieu créa les cieux
et la terre.»
GENÈSE 1:1**

Et la terre a produit de la verdure,
de l'herbe portant de la semence,
des fleurs au doux parfum, et des
arbres donnant du fruit. Tout
bourgeonnait et fleurissait.

Dieu a fait le soleil pour briller le
jour et la lune pour éclairer la nuit.

Puis Dieu a fait toutes sortes
d'animaux qui nageaient,
couraient et rampaient,
qui grognaient et mugissaient.

Combien d'animaux différents vois-tu?

Ensuite Dieu a créé l'homme et la femme pour qu'ils vivent dans son monde merveilleux et qu'ils s'en occupent.

Dieu a créé le monde et tout ce qu'il contient en six jours.
Puis, le septième jour, il s'est reposé.

Le jardin d'Eden

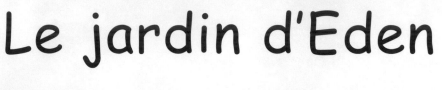

Le premier homme et la première femme s'appelaient Adam et Eve. Dieu les aimait.

Dieu les a placés dans un magnifique jardin appelé Eden pour profiter de toute cette merveilleuse création.

«Vous pouvez manger des fruits de tous les arbres du jardin, sauf de celui-là», leur a dit Dieu en leur montrant un arbre situé au milieu du jardin.

«Il n'est pas bon pour vous de manger des fruits de cet arbre.»

Et pour quelque temps, tout était parfait...

Un jour, un serpent rusé s'est approché d'Eve. «Pourquoi ne mangez-vous pas de ce fruit? lui a-t-il soufflé. Il est pourtant délicieux.» «Dieu ne nous le permet pas», a répondu Eve. «C'est parce qu'il sait que si vous en mangez, vous deviendrez aussi intelligents que lui», a dit encore le serpent.

Le fruit avait l'air vraiment délicieux, et Eve en a finalement pris une bonne bouchée. Puis elle l'a donné à Adam pour qu'il en mange aussi.

Dès qu'ils ont avalé le fruit, Adam et Eve se sont sentis terriblement mal. Ils ont essayé de se cacher de Dieu, mais Dieu les a vus.

«C'est la faute d'Eve», s'est écrié Adam.
«C'est la faute du serpent», a dit Eve en sanglotant.

Dieu était fâché contre Adam et Eve parce qu'ils n'avaient pas écouté sa voix et qu'ils avaient désobéi. Dieu les a chassés du jardin.

«La femme vit que l'arbre était bon à manger et agréable à la vue, et qu'il était précieux pour ouvrir l'intelligence; elle prit de son fruit.»
GENÈSE 3:6

L'arche de Noé

Dieu est triste. Le monde merveilleux qu'il a créé est peuplé de gens méchants. Alors il décide d'envoyer un terrible déluge pour détruire la terre et tous les hommes.

Tous les hommes, sauf Noé et sa famille. Ils sont les seuls qui aiment encore Dieu sur la terre. Dieu dit à Noé de construire un énorme bateau avec assez de place pour lui, sa famille ainsi qu'un mâle et une femelle de toutes les espèces d'animaux.

«N'oubliez pas de prendre assez de nourriture!» leur dit Dieu.

Le ciel devient très sombre et menaçant.

C'est ainsi que Noé fait entrer les animaux deux
par deux dans l'arche — depuis les girafes au
long cou et les tigres féroces aux pingouins
grassouillets et aux minuscules araignées.

Et la pluie commence à tomber.

Et ce n'est pas une petite pluie fine, mais un véritable déluge, qui inonde toute la terre.

On entend d'effroyables coups de tonnerre et de violents éclairs illuminent le ciel. Il pleut tellement que même les montagnes sont recouvertes. Aucun être vivant n'est épargné, sauf Noé, sa famille et les animaux qui se trouvent à l'abri dans le solide bateau.

«**Et Noé** entra dans l'arche avec ses fils, sa femme et les femmes de ses fils, pour échapper aux eaux du déluge. Il entra dans l'arche auprès de **Noé**, deux à deux, un mâle et une femelle.»
GENÈSE 7:7, 9

Finalement, après plusieurs semaines, la pluie s'arrête, les vagues deviennent plus petites, et le soleil sort de derrière les nuages.

Pour savoir si les eaux ont diminué sur la surface de la terre, Noé lâche un corbeau, mais il revient sans avoir trouvé d'endroit sec.

Puis quelque temps après, Noé lâche une colombe. La première fois, elle ne trouve rien non plus. La deuxième fois, elle revient avec une branche d'olivier dans son bec. Les eaux ont bien diminué.

Combien vois-tu de couples d'animaux ?

Sains et saufs, les animaux
peuvent sortir de l'arche et poser
les pieds sur la terre ferme.
Et Dieu place un magnifique arc
dans le ciel pour montrer à Noé
qu'il n'enverra plus jamais de
déluge sur la terre.

Abraham

Dieu dit à Abraham de partir pour un nouveau pays.
«Je ferai de toi une grande nation», lui promet Dieu.
Et Abraham prépare ses affaires. Avec sa femme, ses
serviteurs, ses troupeaux et tout ce qu'il possède,
il part pour le nouveau pays.

Une nuit, Dieu dit à Abraham: «Regarde vers le ciel, et
compte les étoiles, si tu peux les compter.»
Il y en a vraiment beaucoup qui brillent et scintillent
dans la nuit. Abraham ne peut pas les compter.

Puis Dieu lui dit: «Abraham, ta descendance sera aussi nombreuse que les étoiles dans le ciel.»

Abraham et Sarah pensaient qu'ils étaient trop âgés pour avoir des enfants.
Mais Dieu tient sa promesse et leur donne un fils, appelé Isaac.

**«Regarde vers le ciel, et compte les étoiles, si tu peux les compter.
Et il lui dit: Telle sera ta postérité.»
GENÈSE 15:5**

Le manteau de Joseph

Le fils d'Isaac, Jacob, a 12 fils. Joseph est son préféré. Un jour, Jacob lui donne un magnifique manteau tout neuf, aussi coloré que l'arc-en-ciel. Ceux de ses frères ont l'air vieux et tristes à côté. Les frères commencent alors à haïr Joseph.

Combien de couleurs vois-tu sur cette page?

Alors qu'ils gardent les troupeaux de moutons de leur père, les frères complotent de se débarrasser de Joseph.

Une caravane de chameaux passe par-là.

Les marchands sont en route vers l'Egypte.
Ils transportent des parfums délicieux et des épices exotiques. «Vendons Joseph comme esclave!» dit un des frères. Ils arrachent à Joseph son beau manteau et vendent leur frère aux marchands.

«Nous dirons qu'un animal sauvage l'a dévoré»,
se disent les frères. Ils trempent le manteau de
Joseph dans le sang d'un bouc qu'ils ont tué, puis
font croire à leur père que Joseph est mort.

25

Joseph en Egypte

En Egypte, Joseph est vendu comme esclave.
Il travaille très dur et son maître est content de lui.
Mais un jour, quelqu'un dit un mensonge à son sujet, et
il est mis en prison.
Là, il rencontre le boulanger du roi et son échanson.

«La nuit dernière, j'ai rêvé d'un cep qui avait trois
sarments. Quand les raisins ont été mûrs, je les ai pressés
dans la coupe du roi, raconte l'échanson.
Qu'est-ce que cela veut dire?»
«Dans trois jours tu retrouveras ta place auprès du roi»,
lui répond Joseph avec l'aide de Dieu.

Ensuite, le boulanger raconte à Joseph son rêve.
«J'apportais au roi trois corbeilles remplies de pains
quand des oiseaux sont venus et ont picoré les pains.»
«Cela signifie que dans trois jours, tu seras mis à mort
par le roi», lui explique Joseph.

Puis, les choses se passent exactement comme Joseph
l'a annoncé.

«Joseph leur dit: N'est-ce pas à Dieu
qu'appartiennent les explications?»
GENÈSE 40:8

Le roi d'Egypte est inquiet, car lui aussi a rêvé quelque chose d'étrange. Il raconte: «Sept vaches grasses broutaient près de la rivière, lorsque sept vaches maigres les ont mangées.»

«Dans mon deuxième rêve, j'ai vu sept beaux épis de blé monter sur une même tige. Puis sept épis vides et maigres ont poussé après eux et les ont engloutis.»

Le roi fait appeler tous les sages et les magiciens de son royaume, mais aucun ne peut expliquer ses rêves. C'est alors que l'échanson se souvient de Joseph.

«Les deux rêves signifient la même chose, dit Joseph au roi. Il y aura sept années de bonnes récoltes puis sept années de famine.»

28

«Il faut mettre du blé de côté pendant les bonnes années pour pouvoir nourrir le peuple quand la famine sera là.» Le roi comprend que Joseph a en lui la sagesse de Dieu. Il l'apprécie beaucoup et le place à la tête du pays.

La famine s'est abattue sur l'Egypte et les pays voisins. Le père de Joseph envoie ses fils chercher du blé en Egypte.

Lorsqu'ils se trouvent devant Joseph, ses frères ne le reconnaissent pas. Quand Joseph se fait connaître à eux, ils ont peur. Ils se souviennent du mal qu'ils lui ont fait. Mais Joseph leur pardonne et leur demande de faire venir leur père en Egypte.

Joseph et son père sont très heureux de se retrouver.

Le bébé Moïse

Joseph est mort en Egypte. Son peuple, les Hébreux, est devenu un peuple nombreux et puissant. Le nouveau roi, qui n'a pas connu Joseph, prend peur, et décide de faire des Hébreux ses esclaves. Puis il ordonne de tuer tous leurs fils premiers-nés.

Une maman trouve une solution pour sauver son bébé. Elle prend une corbeille de jonc, l'enduit d'un produit étanche, y place le bébé et le dépose sur le fleuve. Puis elle laisse flotter ce petit bateau caché dans les hauts papyrus.

Miriam, sa grande fille, surveille, cachée derrière les roseaux.

Bientôt, la fille du roi arrive à la rivière pour se baigner. Elle trouve le bébé et l'emmène au palais.

Elle lui donne le nom de Moïse et l'élève comme son propre fils.

Le buisson ardent

Moïse grandit au palais royal, mais il est triste, car son peuple, le peuple d'Israël, est esclave.
Moïse fuit le palais du roi et part pour un autre pays.
Là, il garde les moutons.

Un jour, il voit tout près de lui un buisson en feu. Les flammes vacillent et le feu crépite, mais le buisson ne se consume pas.

Puis Moïse entend la voix de Dieu:
«Va dire au roi de laisser partir mon peuple. C'est toi qui le conduiras dans le pays promis!»

Les dix plaies

Moïse retourne en Egypte et demande au roi de laisser partir les Hébreux. Mais le roi ne veut pas. Alors Dieu envoie dix plaies sur le pays.

Les eaux du Nil se changent en sang.

Il y a une invasion de grenouilles partout...

D'innombrables moustiques tourmentent les hommes,...

...puis des mouches venimeuses...

Les troupeaux des Egyptiens meurent...

Les hommes et les bêtes
sont couverts d'ulcères...

Puis il tombe
d'énormes grêlons...

Des sauterelles couvrent
tout le territoire...

Et d'épaisses ténèbres s'abattent
sur le pays.
Enfin, le pire de tout, tous les
fils premiers-nés des Egyptiens
périssent.

Le roi cède et laisse partir les
Hébreux.

«Va vers Pharaon, et tu lui
diras: Ainsi parle l'Eternel,
le Dieu des Hébreux: Laisse
aller mon peuple, afin qu'il
me serve.»
EXODE 8:16

Moïse conduit les Hébreux hors d'Egypte.
Mais après leur départ, le roi change d'avis.
Il envoie des soldats pour les rattraper.

Les Hébreux sont pris au piège. Devant eux se trouve
la mer Rouge, et derrière eux, ils entendent le
grondement de six cents chars des Egyptiens.

Puis Dieu dit à Moïse:
«Etends ton bâton au-dessus de la mer!»
Moïse obéit et les eaux se séparent en deux.

Le peuple d'Israël peut alors traverser au
milieu. Ensuite, les murs d'eaux retombent
sur les Egyptiens qui sont tous engloutis avec
leurs chars et leurs chevaux.

Combien vois-tu de poissons à rayures orange et blanches?

Les dix commandements

Moïse et le peuple d'Israël sont arrivés dans le désert du Sinaï. Le peuple regarde Moïse monter sur la montagne pour parler avec Dieu.

Quelques jours après, des éclairs illuminent le ciel et on entend le terrible grondement du tonnerre.
Il y a de la fumée au-dessus de la montagne.
Le peuple tremble et a peur.

Lorsque Moïse descend de la montagne,
il porte deux tables de pierre.

Moïse les tient devant le peuple.
«Dieu nous a écrit ses lois! Obéissons à
sa parole!» Oui, le peuple veut obéir aux
dix commandements de Dieu.

Samson et Delila

Le peuple d'Israël est maintenant installé en Canaan, pays que Dieu lui a donné. Mais ils ont encore des difficultés: les Philistins, un peuple voisin leur veulent du mal et les oppressent.

Samson est l'homme le plus fort d'Israël. Sa force lui vient de Dieu.

Un jour, les Philistins viennent voir Delila, une femme que Samson aime.

«Nous te donnerons beaucoup d'argent si tu trouves d'où vient la force de Samson!» lui disent-ils. Delila fait tout pour découvrir ce secret. Jour après jour, elle tourmente et harcèle Samson. Finalement, Samson n'en peut plus. Il lui dit: «Si l'on me coupe les cheveux, je perdrai ma force.»

Alors Delila dévoile ce secret aux Philistins qui coupent les cheveux de Samson pendant son sommeil. Samson devient leur esclave. Un jour, ils l'emmènent dans leur temple où tous les Philistins rassemblés pour une fête se moquent de lui.

Mais les cheveux de Samson ont repoussé...

Soudain, de toutes ses forces il appuie ses mains sur les colonnes du temple. Le temple s'écroule sur tous ses ennemis.

«... et tu enfanteras un fils. Le rasoir ne passera point sur sa tête, parce que cet enfant sera consacré à Dieu dès le ventre de sa mère.»
JUGES 13:5

David et Goliath

Saül, le premier roi d'Israël, est très inquiet.
Les Philistins sont en guerre contre Israël
et dans leur armée se trouve le terrible géant Goliath.

Personne en Israël n'a le courage de se battre contre
lui. Mais David, un jeune berger qui vient juste
d'arriver, demande: «Qui est donc ce géant?
J'irai combattre contre lui!»

Il ramasse cinq pierres polies et prépare sa fronde.

Lorsque Goliath voit David s'avancer,
il se moque de lui.

Mais David fait tourner sa fronde
et lance une pierre qui part
en sifflant vers Goliath.

**«L'Eternel, qui m'a délivré de
la griffe du lion et de la patte
de l'ours, me délivrera aussi
de la main de ce Philistin.»
I SAMUEL 17:37**

«Paf!»

La pierre frappe le géant en plein front et il tombe à terre, mort.

Plus tard, le jeune berger devient le nouveau roi d'Israël.

Jonas et le gros poisson

Ninive est une grande ville peuplée de gens très méchants.
Dieu demande à Jonas d'aller leur dire qu'ils doivent changer de vie.
Mais Jonas ne veut pas obéir à Dieu.

Il monte sur un bateau qui va dans la direction opposée à Ninive.
Pendant la traversée, Dieu envoie une tempête. Des éclairs sillonnent le ciel. Le tonnerre gronde.
De gigantesques vagues viennent s'écraser contre le navire.
«Nous allons tous couler!» crient les matelots terrifiés.
«C'est ma faute, dit Jonas. Jetez-moi par-dessus bord et la tempête cessera.»

Et Jonas est jeté à l'eau, **plouf!**
Il s'enfonce dans la mer...

...profond... très profond... toujours plus profond.

Puis, soudain, un gros poisson arrive
et l'avale tout entier.

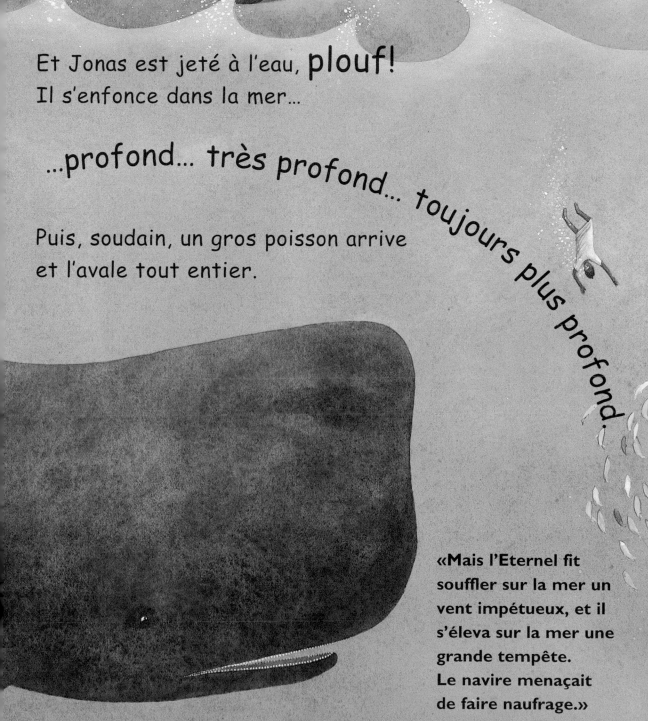

«Mais l'Eternel fit
souffler sur la mer un
vent impétueux, et il
s'éleva sur la mer une
grande tempête.
Le navire menaçait
de faire naufrage.»
JONAS 1:4

Jonas reste dans le ventre du poisson trois jours et trois nuits. Là, il regrette ce qu'il a fait, demande pardon à Dieu et promet de lui obéir.

Alors Dieu parle au gros poisson qui vomit Jonas sur la terre. Il est sain et sauf, et part maintenant pour Ninive. Il obéit à Dieu.

Combien de formes vois-tu sur cette image?

45

Daniel et les lions

Le roi de Babylone et son armée ont attaqué le pays d'Israël et ont emmené des prisonniers. Parmi eux se trouve Daniel.

Daniel travaille au palais royal. Dieu lui a donné une grande intelligence, et il est devenu le ministre préféré du roi.
Mais les autres ministres sont jaloux.
Ils décident de lui tendre un piège.
Comme ils savent que Daniel prie son Dieu,
ils publient une loi interdisant de prier
qui que ce soit d'autre que le roi.
Mais Daniel continue à prier le vrai Dieu.
Les méchants ministres le disent au roi,
et Daniel est jeté dans la fosse aux lions.

Les lions qui d'habitude rugissent, grognent, montrent leurs griffes et ouvrent tout grand leur gueule… ne font aucun mal à Daniel.

Le lendemain matin, le roi s'approche de la fosse et crie: «Daniel, ton Dieu a-t-il pu te délivrer des lions?» «Oui, répond Daniel. Dieu m'a protégé!» Le roi est très joyeux. Il ordonne alors que les ennemis de Daniel soient jetés dans la fosse à sa place. En un instant, ils sont dévorés par les lions.

«Mon Dieu a envoyé son ange et fermé la gueule des lions, qui ne m'ont fait aucun mal, parce que j'ai été trouvé innocent devant lui.»
DANIEL 6:22

NOUVEAU TESTAMENT

Jésus est né

Un jour l'ange Gabriel apparaît à Marie et lui dit: «Le Seigneur est avec toi. Tu deviendras enceinte et tu auras un fils, et tu lui donneras le nom de Jésus. Il sera le Fils de Dieu.»

A cette époque, les Romains règnent sur Israël. Marie et Joseph, son époux, doivent se rendre à Bethléhem, car l'empereur a ordonné un grand recensement de la population. Lorsqu'ils arrivent, Marie est très fatiguée et le bébé doit bientôt naître.

Ils ne trouvent aucun endroit où passer la nuit, car la ville est remplie de monde.

«Tu enfanteras un fils, et tu lui donneras le nom de Jésus.»
LUC 1:31

50

Finalement, Joseph et Marie sont obligés
de passer la nuit dans une étable.

Non loin de là, des bergers gardent leurs troupeaux dans les champs. Soudain, un ange du Seigneur leur apparaît et une lumière éclatante resplendit. Les bergers sont effrayés.

«N'ayez pas peur, car je vous apporte une bonne nouvelle qui réjouira tout le peuple! leur dit l'ange. Jésus, le Fils de Dieu, le Sauveur est né! Vous trouverez un enfant couché dans une crèche.» Tout à coup apparaît une multitude d'anges louant Dieu.

Connais-tu le cri de tous ces animaux?

La visite des savants

Très loin de là, dans un pays étranger, des savants, spécialistes des étoiles, découvrent une étoile particulièrement brillante dans le ciel. «Cela veut dire que le Roi des Juifs est né», se disent-ils.

Après un long voyage, ils arrivent au palais d'Hérode à Jérusalem. Là, ils demandent: «Où est le roi des Juifs qui vient de naître? Nous sommes venus pour l'adorer.» Le roi Hérode est en colère. «C'est moi le roi d'Israël!» pense-t-il. Mais il ne le montre pas aux savants et leur dit: «Quand vous aurez trouvé l'enfant, dites-le moi, pour que j'aille aussi l'adorer!»

L'étoile conduit les savants jusqu'à Bethléhem où ils trouvent Jésus avec sa mère. Ils se mettent à genoux pour adorer l'enfant et lui offrent des cadeaux: de l'or, de l'encens et de la myrrhe.

«Et voici, l'étoile qu'ils avaient vue en Orient allait devant eux jusqu'au moment où, arrivée au-dessus du lieu où était le petit enfant, elle s'arrêta.»
MATTHIEU 2:9

Après cela, les
savants rentrent
dans leur pays par un autre
chemin, car Dieu les a avertis dans
un rêve de ne pas retourner chez Hérode.

55

Un trou dans le toit

Une fois devenu adulte, Jésus fait beaucoup de miracles et aide les gens. Il peut guérir des malades. C'est pourquoi, souvent, une foule nombreuse le suit.

Un jour, quatre hommes transportent leur ami, couché sur un brancard, jusqu'à la maison où se trouve Jésus. Cet homme a les jambes paralysées. Mais la maison est tellement remplie de monde qu'ils ne peuvent même pas entrer. Alors ils montent sur le toit, y font un trou et descendent leur ami à l'intérieur.

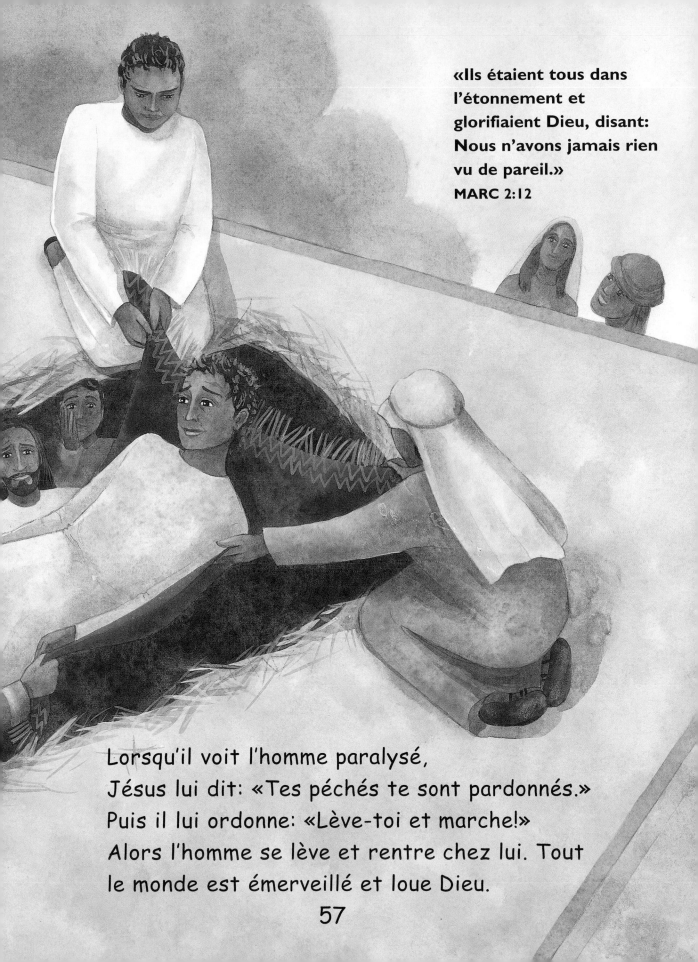

«Ils étaient tous dans l'étonnement et glorifiaient Dieu, disant: Nous n'avons jamais rien vu de pareil.»
MARC 2:12

Lorsqu'il voit l'homme paralysé,
Jésus lui dit: «Tes péchés te sont pardonnés.»
Puis il lui ordonne: «Lève-toi et marche!»
Alors l'homme se lève et rentre chez lui. Tout
le monde est émerveillé et loue Dieu.

Les pains et les poissons

Jésus a choisi douze disciples qui l'accompagnent chaque jour.

Un jour, Jésus est assis avec eux sur une colline près de la mer de Galilée. Une grande foule s'approche. Tous ces gens veulent entendre parler Jésus. Au bout d'un certain temps, la foule a faim, mais il n'y a rien à manger.

Les disciples regardent autour d'eux et trouvent un jeune garçon qui a cinq pains et deux poissons dans son panier. «Comment pourrons-nous nourrir cinq mille personnes avec si peu?» demandent les disciples à Jésus.

Jésus remercie Dieu pour cette nourriture et commence à la distribuer à la foule.

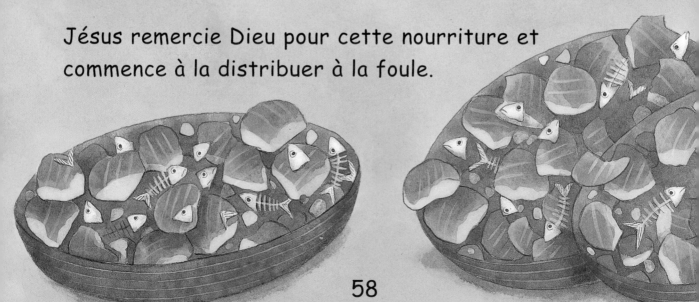

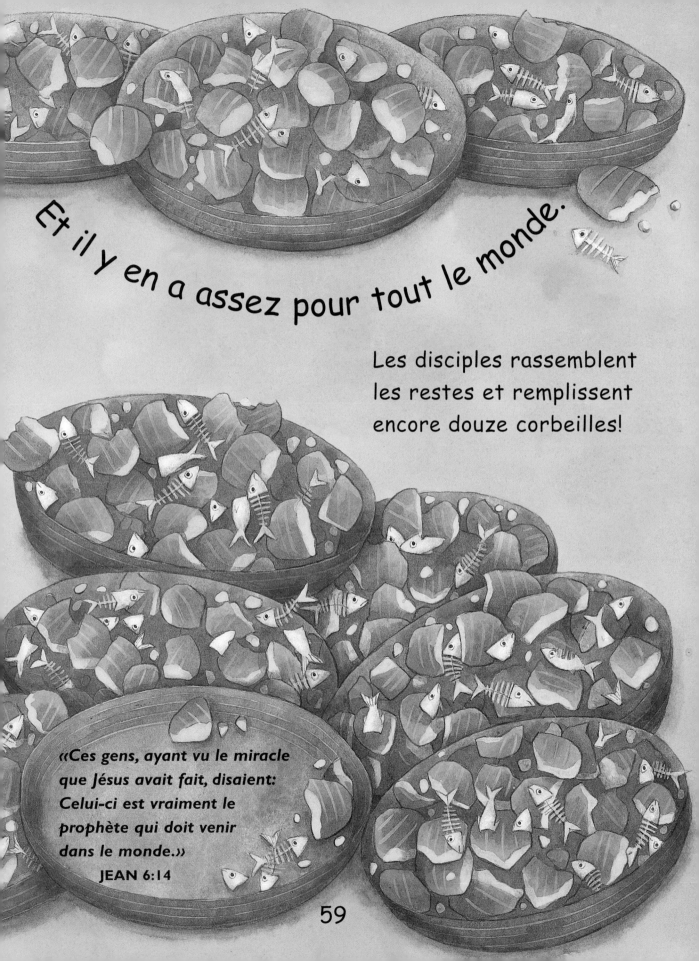

Et il y en a assez pour tout le monde.

Les disciples rassemblent les restes et remplissent encore douze corbeilles!

«Ces gens, ayant vu le miracle que Jésus avait fait, disaient: Celui-ci est vraiment le prophète qui doit venir dans le monde.»

JEAN 6:14

Le bon Samaritain

Un jour, Jésus raconte une parabole pour montrer que nous devons aimer les autres et prendre soin d'eux.

Une parabole est une histoire qui enseigne ce qui est juste et ce qui ne l'est pas.

Un Juif habitant Jérusalem se rend à Jéricho à pied. En chemin, il est attaqué par des brigands qui le laissent presque mort. Un sacrificateur passe, mais il ne s'arrête pas. Puis un autre Juif passe, mais il ne s'arrête pas non plus.

Le pauvre homme pense qu'il va mourir, mais il entend encore quelqu'un approcher.

Clip-clop.
Clip-clop.

C'est un Samaritain qui arrive sur son âne. «Pas de chance!» pense peut-être le blessé, car les Juifs et les Samaritains sont des ennemis.

61

Mais le Samaritain est un homme bon.
Il veut aider cet homme souffrant.

Il verse de l'huile et du vin sur ses blessures
et les recouvre de pansements.

Combien de groupes de trois trouves-tu sur cette image?

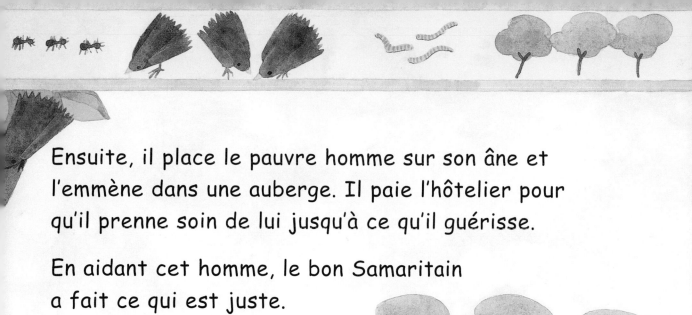

Ensuite, il place le pauvre homme sur son âne et l'emmène dans une auberge. Il paie l'hôtelier pour qu'il prenne soin de lui jusqu'à ce qu'il guérisse.

En aidant cet homme, le bon Samaritain a fait ce qui est juste.

«Jésus dit: Va, et toi, fais de même.»
LUC 10:37

Le fils perdu

Un jour, Jésus raconte une autre parabole.
Elle montre que nous pouvons revenir
à Dieu pour lui demander pardon quand nous
avons mal agi, et qu'il nous pardonne.

Un riche fermier a deux fils qu'il aime beaucoup.
Un jour, le plus jeune décide de quitter
la maison pour aller parcourir le monde.
Il dit à son père: «Père, donne-moi la part
de fortune qui me revient.» Et le père la lui donne.

Avec tout cet argent, le fils est très riche. Mais rapidement,
il dépense tout en s'amusant. Bientôt,
il n'a plus rien.

Il se retrouve dans un pays étranger, sans argent, sans rien à manger.
Il est obligé de garder des cochons.

Il a très faim, est tout sale et se sent très seul.

Au bout de quelque temps, il réfléchit et se dit:
«Chez mon père, tous les ouvriers ont assez à manger,
et moi, ici, je meurs de faim! Je vais retourner chez mon
père et lui demander pardon.» Et il se met en route.

Son père, le voyant arriver de loin, court à sa rencontre.
Le fils lui dit: «Père, j'ai péché contre Dieu et contre toi.
Je ne mérite plus d'être appelé ton fils.»
Mais son père le serre contre lui et l'embrasse.
«Mangeons et réjouissons-nous! dit-il tout joyeux.
Mon fils était perdu et il est retrouvé. Il était mort et
        il est revenu à la vie!»

«De même, je vous le dis, il y a de la joie devant les anges de Dieu pour un seul pécheur qui se repent.»
LUC 15:10

67

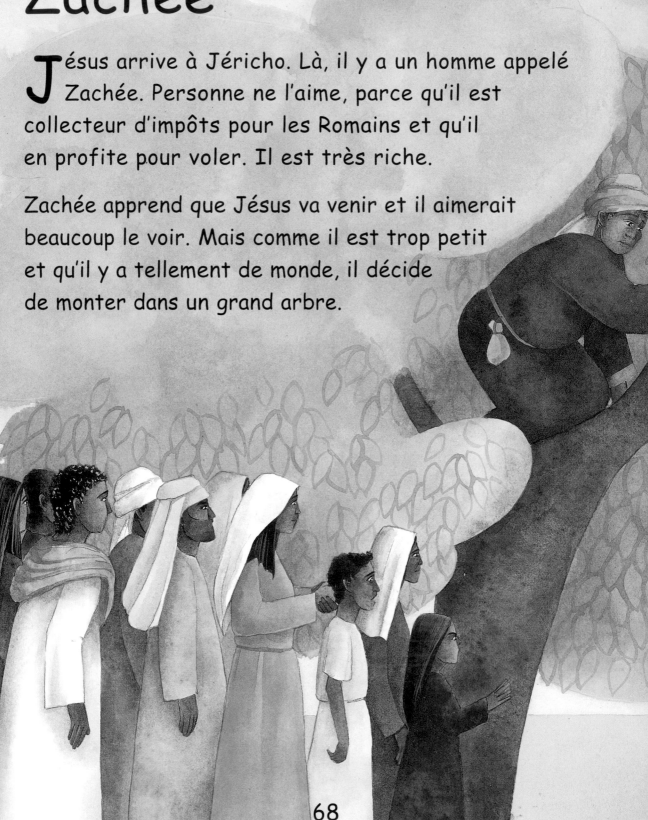

Zachée

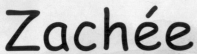

Jésus arrive à Jéricho. Là, il y a un homme appelé Zachée. Personne ne l'aime, parce qu'il est collecteur d'impôts pour les Romains et qu'il en profite pour voler. Il est très riche.

Zachée apprend que Jésus va venir et il aimerait beaucoup le voir. Mais comme il est trop petit et qu'il y a tellement de monde, il décide de monter dans un grand arbre.

Quand Jésus arrive à cet endroit, il lève les yeux et dit: «Zachée, descends vite! Aujourd'hui je veux entrer dans ta maison!»

Les gens ne sont pas contents: «Pourquoi Jésus veut-il aller chez ce voleur?» se disent-ils.

Mais Zachée descend et reçoit Jésus avec joie. Il reconnaît qu'il est un pécheur et Jésus lui pardonne. A partir de ce jour, il change de vie et ne vole plus les gens.

«Car le Fils de l'homme est venu chercher et sauver ce qui était perdu.»
LUC 19:10

Jésus entre dans Jérusalem

Jésus et ses disciples vont à Jérusalem, car c'est bientôt la fête de la Pâque. Jésus entre dans la ville monté sur un ânon. Beaucoup de gens étendent leurs vêtements sur le chemin, d'autres y mettent des branches d'arbre. Et toute la foule acclame Jésus.

«Gloire au Fils de David!» crie la foule.

70

«Lorsque Jésus entra dans Jérusalem, toute la ville fut émue.»
MATTHIEU 21:10

71

La dernière Pâque

Le premier soir de la fête, Jésus est assis à table avec ses disciples pour partager le repas de la Pâque. Jésus dit: «C'est notre dernier repas ensemble.» Les disciples sont très tristes.

Peux-tu retrouver ces objets sur la table?

Jésus partage avec ses disciples le pain
et le vin. Puis il leur dit:
«Faites ceci en mémoire de moi.»

**«Jésus leur dit:
J'ai désiré vivement
manger cette Pâque
avec vous, avant
de souffrir.»
MATTHIEU 26:15**

La crucifixion

Les chefs des Juifs n'aiment pas Jésus.
Ils ne veulent pas croire qu'il est le Fils de Dieu,
et ils veulent le faire mourir.
Un jour, ils saisissent Jésus et l'emmènent chez
Pilate, le gouverneur romain.

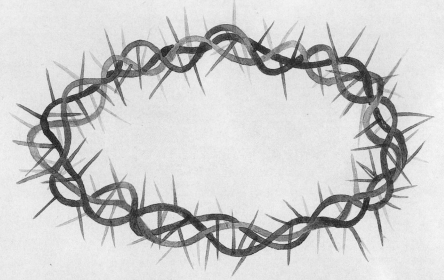

Pilate ordonne que Jésus soit crucifié.
Les soldats mettent une couronne d'épines sur
sa tête et le clouent sur une croix.
Sa mère et ses disciples sont très tristes.

Avant de mourir, Jésus prie: «Père, pardonne-leur,
car ils ne savent ce qu'ils font.» Il dit encore:
«Tout est accompli!» et meurt. Soudain, il y a des
ténèbres sur tout le pays et la terre tremble.
Un capitaine romain, voyant cela, dit: «Cet homme
était vraiment le Fils de Dieu!»

Le soir, un ami de Jésus prend son corps et
le place dans un tombeau. Puis il roule une
très grosse pierre pour fermer l'entrée du tombeau.

Trois jours après, Marie de Magdala, une femme
qui suivait Jésus, se rend au tombeau.
Quand elle arrive, la pierre a été roulée et le
tombeau est vide.
Marie est très triste et
pleure.

Marie se retourne et voit un homme. Elle croit que c'est le jardinier. «Sais-tu où on a mis Jésus?» lui demande-t-elle.

L'homme l'appelle par son nom: «Marie!» Et tout à coup, elle le reconnaît: c'est Jésus lui-même!

«Va dire à mes disciples que je suis vivant!» dit Jésus.

Et Marie court annoncer la nouvelle aux disciples.

Thomas

Ce soir-là, les disciples sont réunis dans une maison.
Ils ont fermé la porte à clé, parce qu'ils ont peur des Juifs

Soudain, Jésus leur apparaît.

Les disciples sont très heureux de le voir.
Jésus leur dit: «Comme le Père m'a envoyé,
moi aussi je vous envoie!»

Mais il manque Thomas,
un des disciples. Quand ses amis
lui racontent ce qui s'est passé,
il ne les croit pas: «Si je ne vois
pas Jésus de mes propres yeux,
je ne croirai pas.»

Une semaine plus tard, les disciples
sont à nouveau rassemblés et Jésus
se présente au milieu d'eux.

Jésus dit à Thomas: «Vois les marques dans mes côtés, et regarde mes mains. Cesse de douter, et crois!»

Puis Jésus dit: «Heureux ceux qui n'ont pas vu, et qui ont cru!»

«Ces choses ont été écrites afin que vous croyiez que Jésus est le Christ, le Fils de Dieu.»
JEAN 20:31

La prière du Seigneur

Notre Père qui es aux cieux!
Que ton nom soit sanctifié;
que ton règne vienne; que ta volonté soit faite
sur la terre comme au ciel.
Donne-nous aujourd'hui notre pain quotidien;
pardonne-nous nos offenses,
comme nous aussi nous pardonnons
à ceux qui nous ont offensés;
ne nous induis pas en tentation,
mais délivre-nous du malin.
Car c'est à toi qu'appartiennent,
dans tous les siècles,
le règne, la puissance et la gloire.
Amen!